Olympe de Gouges

Les Droits
de la femme

Olympe de Gouges

Les Droits de la femme

À la reine

MADAME,

Peu faite au langage que l'on tient aux Rois, je n'emploierai point l'adulation des Courtisans pour vous faire hommage de cette singulière production. Mon but, Madame, est de vous parler franchement ; je n'ai pas attendu, pour m'exprimer ainsi, l'époque de la Liberté : je me suis montrée avec la même énergie dans un temps où l'aveuglement des Despotes punissait une si noble audace.

Lorsque tout l'Empire vous accusait et vous rendait responsable de ses calamités, moi seule, dans un temps de trouble et d'orage, j'ai eu la force de prendre votre défense. Je n'ai jamais pu me persuader qu'une Princesse, élevée au sein des grandeurs, eût tous les vices de la bassesse.

Oui, Madame, lorsque j'ai vu le glaive levé sur vous, j'ai jeté mes observations entre ce glaive et la victime ; mais aujourd'hui que je vois qu'on observe de près la foule de mutins soudoyée, & qu'elle est retenue par la crainte des lois, je vous dirai, Madame, ce que je ne vous aurais pas dit alors.

Si l'étranger porte le fer en France, vous n'êtes plus à mes yeux cette Reine faussement inculpée, cette Reine intéressante, mais une implacable ennemie des Français. Ah ! Madame, songez que vous êtes mère et épouse ; employez tout votre crédit pour le retour des Princes. Ce crédit, si sagement appliqué raffermit la couronne du père, la conserve au fils, et vous réconcilie l'amour des Français. Cette digne négociation est le vrai devoir d'une Reine. L'intrigue, la cabale, les projets sanguinaires précipiteraient votre chute, si l'on pouvait vous soupçonner capable de semblables desseins.

Qu'un plus noble emploi, Madame, vous caractérise, excite votre ambition, et fixe vos regards. Il n'appartient qu'à celle que le hasard a élevée à une place éminente, de donner du poids à l'essor des Droits de la Femme, et d'en accélérer les succès. Si vous étiez moins instruite, Madame, je pourrais craindre que vos intérêts particuliers ne l'emportassent sur ceux de votre sexe. Vous aimez la gloire : songez, Madame, que les plus grands crimes s'immortalisent comme les plus grandes vertus ; mais quelle différence de célébrité dans les fastes de l'histoire ! l'une est sans cesse prise pour exemple, et l'autre est éternellement l'exécration du genre humain.

On ne vous fera jamais un crime de travailler à la restauration des mœurs, à donner à votre sexe toute la consistance dont il est susceptible. Cet ouvrage n'est pas le travail d'un jour, malheureusement pour le nouveau régime. Cette révolution ne s'opérera que quand toutes les femmes seront pénétrées de leur déplorable sort, et des droits qu'elles ont perdus dans la société. Soutenez, Madame, une si belle cause ; défendez ce sexe malheureux, et vous aurez bientôt pour vous une moitié du royaume, et le tiers au moins de l'autre.

Voilà, Madame, voilà par quels exploits vous devez vous signaler et employer votre crédit. Croyez-moi, Madame, notre vie est bien peu de chose, surtout pour une Reine, quand cette vie n'est pas embellie par l'amour des peuples, et par les charmes éternels de la bienfaisance.

S'il est vrai que des Français arment contre leur patrie toutes les puissances ; pourquoi ? pour de frivoles prérogatives, pour des chimères. Croyez, Madame, si j'en juge par ce que je sens, le parti monarchique se détruira de lui-même, qu'il abandonnera tous les tyrans, et tous les cœurs se rallieront autour de la patrie pour la défendre.

Voilà, Madame, voilà quels sont mes principes. En vous parlant de ma patrie, je perds de vue le but de cette dédicace. C'est ainsi que tout bon Citoyen sacrifie sa gloire, ses intérêts, quand il n'a pour objet que ceux de son pays.

Je suis avec le plus profond respect,
MADAME,

Votre très humble et très obéissante servante,

DE GOUGES.

Les Droits de la femme

HOMME, es-tu capable d'être juste ? C'est une femme qui t'en fait la question ; tu ne lui ôteras pas du moins ce droit. Dis-moi ? qui t'a donné le souverain empire d'opprimer mon sexe ? ta force ? tes talents ? Observe le créateur dans sa sagesse ; parcours la nature dans toute sa grandeur, dont tu sembles vouloir te rapprocher, et donne-moi, si tu l'oses, l'exemple de cet empire tyrannique. Remonte aux animaux, consulte les éléments, étudie les végétaux, jette enfin un coup-d'œil sur toutes les modifications de la matière organisée ; et rends-toi à l'évidence quand je t'en offre les moyens ; cherche, fouille et distingue, si tu le peux, les sexes dans l'administration de la nature. Partout tu les trouveras confondus, partout ils coopèrent avec un ensemble harmonieux à ce chef-d'œuvre immortel.

L'homme seul s'est fagoté un principe de cette exception. Bizarre, aveugle, boursoufflé de sciences et dégénéré, dans ce siècle de lumières et de sagacité, dans l'ignorance la plus crasse, il veut commander en despote sur un sexe qui a reçu toutes les facultés intellectuelles ; il prétend jouir de la révolution, et réclamer ses droits à l'égalité, pour ne rien dire de plus.

Déclaration des droits de la femme et de la citoyenne

À décréter par l'Assemblée nationale dans ses dernières séances ou dans celle de la prochaine législature.

Préambule

Les mères, les filles, les sœurs, représentantes de la nation, demandent d'être constituées en assemblée nationale. Considérant que l'ignorance, l'oubli ou le mépris des droits de la femme, sont les seules causes des malheurs publics et de la corruption des gouvernements, ont résolu d'exposer dans une déclaration solennelle, les droits naturels, inaliénables et sacrés de la femme, afin que cette déclaration, constamment présente à tous les membres du corps social, leur rappelle sans cesse leurs droits et leurs devoirs, afin que les actes du pouvoir des femmes, et ceux du pouvoir des hommes pouvant être à chaque instant comparés avec le but de toute institution politique, en soient plus respectés, afin que les réclamations des citoyennes, fondées désormais sur des principes simples et incontestables, tournent toujours au maintien de la constitution, des bonnes mœurs, et au bonheur de tous.

En conséquence, le sexe supérieur en beauté comme en courage, dans les souffrances maternelles, reconnaît et déclare, en présence et sous les auspices de l'Être suprême, les Droits suivants de la Femme et de la Citoyenne.

Article premier

La Femme naît libre et demeure égale à l'homme en droits. Les distinctions sociales ne peuvent être fondées que sur l'utilité commune.

II

Le but de toute association politique est la conservation des droits naturels et imprescriptibles de la Femme et de l'Homme : ces droits sont la liberté, la propriété, la sûreté, et surtout la résistance à l'oppression.

III

Le principe de toute souveraineté réside essentiellement dans la Nation, qui n'est que la réunion de la Femme et de l'Homme : nul corps, nul individu, ne peut exercer d'autorité qui n'en émane expressément.

IV

La liberté et la justice consistent à rendre tout ce qui appartient à autrui ; ainsi l'exercice des droits naturels de la femme n'a de bornes que la tyrannie perpétuelle que l'homme lui oppose ; ces bornes doivent être réformées par les lois de la nature et de la raison.

V

Les lois de la nature et de la raison défendent toutes actions nuisibles à la société : tout ce qui n'est pas défendu par ces lois, sages et divines, ne peut être empêché, et nul ne peut être contraint à faire ce qu'elles n'ordonnent pas.

VI

La Loi doit être l'expression de la volonté générale ; toutes les Citoyennes et Citoyens doivent concourir personnellement, ou par leurs représentants, à sa formation ; elle doit être la même pour tous : toutes les citoyennes et tous les citoyens, étant égaux à ses yeux, doivent être également admissibles à toutes dignités, places et emplois publics, selon leurs capacités, et sans autres distinctions que celles de leurs vertus et de leurs talents.

VII

Nulle femme n'est exceptée ; elle est accusée, arrêtée et détenue dans les cas déterminés par la Loi. Les femmes obéissent comme les hommes à cette Loi rigoureuse.

VIII

La loi ne doit établir que des peines strictement et évidemment nécessaires, et nul ne peut être puni qu'en vertu d'une Loi établie et promulguée antérieurement au délit et légalement appliquée aux femmes.

IX

Toute femme étant déclarée coupable ; toute rigueur est exercée par la Loi.

X

Nul ne doit être inquiété pour ses opinions mêmes fondamentales la femme a le droit de monter sur l'échafaud ; elle doit avoir également celui de monter à la Tribune ; pourvu que ses manifestations ne troublent pas l'ordre public établi par la Loi.

XI

La libre communication des pensées et des opinions est un des droits les plus précieux de la femme, puisque cette liberté assure la légitimité des pères envers les enfants. Toute Citoyenne peut donc dire librement, je suis mère d'un enfant qui vous appartient, sans qu'un préjugé barbare la force à dissimuler la vérité ; sauf à répondre de l'abus de cette liberté dans les cas déterminés par la Loi.

XII

La garantie des droits de la femme et de la citoyenne nécessite une utilité majeure ; cette garantie doit être instituée pour l'avantage de tous, et non pour l'utilité particulière de celles à qui elle est confiée.

XIII

Pour l'entretien de la force publique, et pour les dépenses d'administration, les contributions de la femme et de l'homme sont égales ; elle a part à toutes les corvées, à toutes les tâches pénibles ; elle doit donc avoir de même part à la distribution des places, des emplois, des charges, des dignités et de l'industrie.

XIV

Les Citoyennes et Citoyens ont le droit de constater par eux-mêmes, ou par leurs représentants, la nécessité de la contribution publique. Les Citoyennes ne peuvent y adhérer que par l'admission d'un partage égal, non seulement dans la fortune, mais encore dans l'administration publique, et de déterminer la quotité, l'assiette, le recouvrement et la durée de l'impôt.

XV

La masse des femmes, coalisée pour la contribution à celle des hommes, a le droit de demander compte, à tout agent public, de son administration.

XVI

Toute société, dans laquelle la garantie des droits n'est pas assurée, ni la séparation des pouvoirs déterminée, n'a point de constitution ; la constitution est nulle, si la majorité des individus qui composent la Nation, n'a pas coopéré à sa rédaction.

XVII

Les propriétés sont à tous les sexes réunis ou séparés ; elles ont pour chacun un droit inviolable et sacré ; nul ne peut en être privé comme vrai patrimoine de la nature, si ce n'est lorsque la nécessité publique, légalement constatée, l'exige évidemment, et sous la condition d'une juste et préalable indemnité.

Postambule

Femme, réveille-toi ; le tocsin de la raison se fait entendre dans tout l'univers ; reconnais tes droits. Le puissant empire de la nature n'est plus environné de préjugés, de fanatisme, de superstition et de mensonges. Le flambeau de la vérité a dissipé tous les nuages de la sottise et de l'usurpation. L'homme esclave a multiplié ses forces, a eu besoin de recourir aux tiennes pour briser ses fers. Devenu libre, il est devenu injuste envers sa compagne. Ô femmes ! femmes, quand cesserez-vous d'être aveugles ? Quels sont les avantages que vous avez recueillis dans la révolution ? Un mépris plus marqué, un dédain plus signalé. Dans les siècles de corruption vous n'avez régné que sur la faiblesse des hommes. Votre empire est détruit ; que vous reste-t-il donc la conviction des injustices de l'homme. La réclamation de votre patrimoine, fondée sur les sages décrets de la nature ; qu'auriez-vous à redouter pour une si belle entreprise ? le bon mot du Législateur des noces de Cana ? Craignez-vous que nos Législateurs Français, correcteurs de cette morale, longtemps accrochée aux branches de la politique, mais qui n'est plus de saison, ne vous répètent : femmes, qu'y a-t-il de commun entre vous et nous ? Tout, auriez-vous à répondre. S'ils s'obstinaient, dans leur faiblesse, à mettre cette inconséquence en contradiction avec leurs principes ; opposez cour rageusement la force de la raison aux vaines prétentions de supériorité ; réunissez-vous sous les étendards de la philosophie ; déployez toute l'énergie de votre caractère, et vous verrez bientôt ces orgueilleux, non serviles adorateurs rampants à vos pieds, mais fiers de partager avec vous les trésors de l'Être-Suprême. Quelles que soient les barrières que l'on vous oppose, il est en votre pouvoir de les affranchir ; vous n'avez qu'à le vouloir. Passons maintenant à l'effroyable tableau de ce que vous avez été dans la société ; et puisqu'il est question, en ce moment, d'une éducation nationale, voyons si nos sages Législateurs penseront sainement sur l'éducation des femmes.

Les femmes ont fait plus de mal que de bien. La contrainte et la dissimulation ont été leur partage. Ce que la force leur avait ravi, la ruse leur a rendu ; elles ont eu recours à toutes les ressources de leurs charmes, et le plus irréprochable ne leur résistait pas. Le poison, le fer, tout leur était soumis ; elles commandaient au crime comme à la vertu. Le gouvernement français, surtout, a dépendu, pendant des siècles, de l'administration nocturne des femmes ; le cabinet n'avait point de secret pour leur indiscrétion ; ambassade, commandement, ministère, présidence, pontificat, cardinalat ; enfin tout ce qui caractérise la sottise des hommes, profane et sacré, tout a été soumis à la cupidité et à l'ambition de ce sexe autrefois méprisable et respecté, et depuis la révolution, respectable et méprisé.

Dans cette sorte d'antithèse, que de remarques n'ai-je point à offrir ! je n'ai qu'un moment pour les faire, mais ce moment fixera l'attention de la postérité la plus reculée. Sous l'ancien régime, tout était vicieux, tout était coupable ; mais ne pourrait-on pas apercevoir l'amélioration des choses dans la substance même des vices ? Une femme n'avait besoin que d'être belle ou aimable ; quand elle possédait ces deux avantages, elle-voyait cent fortunes à ses pieds. Si elle n'en profitait pas, elle avait un caractère bizarre, ou une philosophie peu commune, qui la portait aux mépris des richesses ; alors elle n'était plus considérée que comme une mauvaise tête ; la plus indécente se faisait respecter avec de l'or ; le commerce des femmes était une espèce d'industrie reçue dans la première classe, qui, désormais, n'aura plus de crédit. S'il en avait encore, la révolution serait perdue, et sous de nouveaux rapports, nous serions toujours corrompus ; cependant la raison peut-elle se dissimuler que tout autre chemin à la fortune est fermé à la femme que l'homme achète, comme l'esclave sur les côtes d'Afrique. La différence est grande ; on le sait. L'esclave commande au maître ; mais si le maître lui donne la liberté sans récompense, et à un âge où l'esclave a perdu tous ses charmes, que devient cette infortunée ? Le jouet du mépris ; les portes même de la bienfaisance lui sont fermées ; elle est pauvre et vieille, dit-on ; pourquoi n'a-t-elle pas su faire fortune ? D'autres exemples encore plus touchants s'offrent à la raison. Une jeune personne sans expérience, séduite par un homme qu'elle aime, abandonnera ses parents pour le suivre ; l'ingrat la laissera après quelques années, et plus elle aura vieilli avec lui, plus son inconstance sera inhumaine ; si elle a des enfants, il l'abandonnera de même. S'il est riche, il se croira dispensé de partager sa fortune avec ses nobles victimes. Si quelqu'engagement le lie à ses devoirs, il en violera la puissance en espérant tout des lois. S'il est marié, tout autre engagement perd ses droits. Quelles lois reste-il donc à faire pour extirper le vice jusques dans la racine ? Celle du partage des fortunes entre les hommes et les femmes, et de l'administration publique. On conçoit aisément que celle qui est née d'une famille riche, gagne beaucoup avec l'égalité des partages. Mais celle qui est née d'une famille pauvre, avec du mérite et des vertus ; quel est son lot ? La pauvreté et l'opprobre. Si elle n'excelle pas précisément en musique ou en peinture, elle ne peut être admise à aucune fonction publique, quand elle en aurait toute la capacité. Je ne veux donner qu'un aperçu des choses, je les approfondirai dans la nouvelle édition de tous mes ouvrages politiques que je me propose de donner au public dans quelques jours, avec des notes.

Je reprends mon texte quant aux mœurs. Le mariage est le tombeau de la confiance et de l'amour. La femme mariée peut impunément donner des bâtards à son mari, et la fortune qui ne leur appartient pas. Celle qui ne l'est pas, n'a qu'un faible droit : les lois anciennes et inhumaines lui refusaient ce droit sur le nom et sur le bien de leur père, pour ses enfants, et l'on n'a pas fait de nouvelles lois sur cette matière. Si tenter de donner à mon sexe une consistance honorable et juste, est considéré dans ce moment comme un paradoxe de ma part, et comme tenter l'impossible, je laisse aux hommes à venir ; la gloire de traiter cette matière ; mais, en attendant, on peut la préparer par l'éducation nationale, par la restauration des mœurs et par les conventions conjugales.

Forme du Contrat social de l'Homme et de la Femme.

Nous *N* et *N,* mus par notre propre volonté, nous unissons pour le terme de notre vie, et pour la durée de nos penchants mutuels, aux conditions suivantes : Nous entendons et voulons mettre nos fortunes en communauté, en nous réservant cependant le droit de les séparer en faveur de nos enfants, et de ceux que nous pourrions avoir d'une inclination particulière, reconnaissant mutuellement que notre bien appartient directement à nos enfants, de quelque lit qu'ils sortent, et que tous indistinctement ont le droit de porter le nom des pères et mères qui les ont avoués, et nous imposons de souscrire à la loi qui punit l'abnégation de son propre sang. Nous nous obligeons également, au cas de séparation, de faire le partage de notre fortune, et de prélever la portion de nos enfants indiquée par la loi ; et, au cas d'union parfaite, celui qui viendrait à mourir, se désisterait de la moitié de ses propriétés en faveur de ses enfants ; et si l'un mourait sans enfants, le survivant hériterait de droit, à moins que le mourant n'ait disposé de la moitié du bien commun en faveur de qui il jugerait à propos.

Voilà à-peu-près la formule de l'acte conjugal dont je propose l'exécution. À la lecture de ce bizarre écrit, je vois s'élever contre moi les tartuffes, les bégueules, le clergé et toute la séquelle infernale. Mais combien il offrira aux sages de moyens moraux pour arriver à la perfectibilité d'un gouvernement heureux ! j'en vais donner en peu de mots la preuve physique. Le riche Épicurien sans enfants, trouve fort bon d'aller chez son voisin pauvre augmenter sa famille. Lorsqu'il y aura une loi qui autorisera la femme du pauvre à faire adopter au riche ses enfants, les liens de la

9

société seront plus resserrés, et les mœurs plus épurées. Cette loi conservera peut-être le bien de la communauté, et retiendra le désordre qui conduit tant de victimes dans les hospices de l'opprobre, de la bassesse et de la dégénération des principes humains, où, depuis longtemps, gémit la nature. Que les détracteurs de la saine philosophie cessent donc de se récrier contre les mœurs primitives, ou qu'ils aillent se perdre dans la source de leurs citations.

Je voudrais encore une loi qui avantageât les veuves et les demoiselles trompées par les fausses promesses d'un homme à qui elles se seraient attachées ; je voudrais, dis-je, que cette loi forçât un inconstant à tenir ses engagements, ou à une indemnité proportionnée à sa fortune. Je voudrais encore que cette loi fût rigoureuse contre les femmes, du moins pour celles qui auraient le front de recourir à une loi qu'elles auraient elles-mêmes enfreinte par leur inconduite, si la preuve en était faite. Je voudrais, en même temps, comme je l'ai exposée dans le bonheur primitif de l'homme, en 1788, que les filles publiques fussent placées dans des quartiers désignés. Ce ne sont pas les femmes publiques qui contribuent le plus à la dépravation des mœurs, ce sont les femmes de la société. En restaurant les dernières, on modifie les premières. Cette chaîne d'union fraternelle offrira d'abord le désordre, mais par les suites, elle produira à la fin un ensemble parfait.

J'offre un moyen invincible pour élever l'âme des femmes ; c'est de les joindre à tous les exercices de l'homme : si l'homme s'obstine à trouver ce moyen impraticable, qu'il partage sa fortune avec la femme, non à son caprice, mais par la sagesse des lois. Le préjugé tombe, les mœurs s'épurent, et la nature reprend tous ses droits. Ajoutez-y le mariage des prêtres ; le Roi, raffermi sur son trône, et le gouvernement français ne saurait plus périr.

Il était bien nécessaire que je dise quelques mots sur les trouilles que cause, dit-on, le décret en faveur des hommes de couleur, dans nos îles. C'est là où la nature frémit d'horreur ; c'est là où la raison et l'humanité, n'ont pas encore touché les âmes endurcies ; c'est là surtout où la division et la discorde agitent leurs habitants. Il n'est pas difficile de deviner les instigateurs de ces fermentations incendiaires : il y en a dans le sein même de l'Assemblée Nationale : ils allument en Europe le feu qui doit embraser l'Amérique. Les Colons prétendent régner en despotes sur des hommes dont ils sont les pères et les frères ; et méconnaissant les droits de la nature, ils en poursuivent la source jusque dans la plus petite teinte de leur sang. Ces Colons inhumains disent : notre sang circule dans leurs veines, mais nous le répandrons tout, s'il le faut, pour assouvir notre cupidité, ou notre aveugle ambition. C'est dans ces lieux les plus près de la nature, que le père méconnaît le fils ; sourd aux cris du sang, il en étouffe tous les charmes ; que peut-on espérer de la résistance qu'on lui oppose ? la contraindre avec violence, c'est la rendre terrible, la laisser encore dans les fers, c'est acheminer toutes les calamités vers l'Amérique. Une main divine semble répandre par tout l'apanage de l'homme, *la liberté* ; la loi seule a le droit de réprimer cette liberté, si elle dégénère en licence ; mais elle doit être égale pour tous, c'est elle surtout qui doit renfermer l'Assemblée Nationale dans son décret, dicté par la prudence et par la justice. Puisse-t-elle agir de même pour l'état de la France, et se rendre aussi attentive sur les nouveaux abus, comme elle l'a été sur les anciens qui deviennent chaque jour plus effroyables ! Mon opinion serait encore de raccommoder le pouvoir exécutif avec le pouvoir législatif, car il me semble que l'un est tout, et que l'autre n'est rien ; d'où naîtra, malheureusement peut être, la perte de l'Empire François. Je considère ces deux pouvoirs, comme l'homme et la femme qui doivent être unis, mais égaux en force et en vertu, pour faire un bon ménage.

Il est donc vrai que nul individu ne peut échapper à son sort ; j'en fais l'expérience aujourd'hui.

J'avais résolu et décidé de ne pas me permettre le plus petit mot pour rire dans cette production, mais le sort en a décidé autrement : voici le fait :

L'économie n'est point défendue, surtout dans ce temps de misère. J'habite la campagne. Ce matin à huit heures je suis partie d'Auteuil, et me suis acheminée vers la route qui conduit de Paris à Versailles, où l'on trouve souvent ces fameuses guinguettes qui ramassent les passants à peu de frais. Sans doute une mauvaise étoile me poursuivait dès le matin. J'arrive à la barrière où je ne trouve pas même le triste sapin aristocrate. Je me repose sur les marches de cet édifice insolent qui recélait des commis. Neuf heures sonnent, et je continue mon chemin : une voiture s'offre à mes regards, j'y prends place, et j'arrive à neuf heures un quart, à deux montres différentes, au Pont-Royal. J'y prends le sapin, et je vole chez mon Imprimeur, rue Christine, car je ne peux aller que là si matin : en corrigeant mes épreuves, il me reste toujours quelque chose à faire, si les pages ne font pas bien serrées et remplies. Je reste à peu près vingt minutes ; et fatiguée de marche, de composition et d'impression, je me propose d'aller prendre un bain dans le quartier du Temple, où j'allais dîner. J'arrive à onze heures moins un quart à la pendule du bain ; je devais donc au cocher une heure et demie ; mais, pour ne pas avoir de dispute avec lui, je lui offre 48 fols : il exige plus, comme d'ordinaire, il fait du bruit. Je m'obstine à ne vouloir plus lui donner que son dû, car l'être équitable aime mieux être généreux que dupe. Je le menace de la loi, il me dit qu'il s'en moque, et que je lui payerai deux heures. Nous arrivons chez un commissaire de paix, que j'ai la générosité de ne pas nommer, quoique l'acte d'autorité qu'il s'est permis envers moi, mérite une dénonciation formelle. Il ignorait sans doute que la femme qui réclamait sa justice était la femme auteur de tant de bienfaisance et d'équité. Sans avoir égard à mes raisons, il me condamne impitoyablement à payer au cocher ce qu'il demandait. Connaissant mieux la loi que lui, je lui dis, Monsieur, je m'y refuse, et je vous prie de faire attention que vous n'êtes pas dans le principe de votre charge. Alors cet homme, ou, pour mieux dire, ce forcené s'emporte, me menace de la Force si je ne paye à l'instant, ou de rester toute la journée dans son bureau. Je lui demande de me faire conduite au tribunal de département ou à la mairie, ayant à me plaindre de son coup d'autorité. Le grave magistrat, en rédingote poudreuse et dégoûtante comme sa conversation, m'a dit plaisamment : cette affaire ira sans doute à l'assemblée Nationale ? Cela se pourrait bien, lui dis-je ; et je m'en fus moitié furieuse et moitié riant du jugement de ce moderne Bride-Oison, en disant : c'est donc là l'espèce d'homme qui doit juger un peuple éclairé ! On ne voit que cela. Semblables aventures arrivent indistinctement aux bons patriotes, comme aux mauvais. Il n'y a qu'un cri sur les désordres des sections et des tribunaux. La justice ne se rend pas ; la loi est méconnue, et la police se fait, Dieu sait comment. On ne peut plus retrouver les cochers à qui l'on confie des effets ; ils changent les numéros à leur fantaisie, et plusieurs personnes, ainsi que moi, ont fait des pertes considérables dans les voitures. Sous l'ancien régime, quel que fût son brigandage, on trouvait la trace de ses pertes, en faisant un appel nominal des cochers, et par l'inspection exacte des numéros ; enfin on était en sûreté. Que font ces juges de paix ? que font ces commissaires, ces inspecteurs du nouveau régime ? Rien que des sottises et des monopoles. L'Assemblée Nationale doit fixer toute son attention sur cette partie qui embrasse l'ordre social.

P.S. Cet ouvrage était composé depuis quelques jours a été retardé encore à l'impression ; et au moment que M. Taleyrand, dont le nom sera toujours cher à la postérité, venant de donner son ouvrage sur les principes de l'éducation nationale, cette production était déjà sous la presse. Heureuse si je me suis rencontrée avec les vues de cet orateur ! Cependant je ne puis m'empêcher d'arrêter la presse, et de faire éclater la pure joie, que mon cœur a ressentie à la nouvelle que le roi venait d'accepter la Constitution, et que l'assemblée nationale, que j'adore actuellement, sans excepter l'abbé Maury ; et la Fayette est un dieu, avait proclamé d'une voix unanime une amnistie générale. Providence divine, fais que cette joie publique ne soit pas une fausse illusion ! Renvoie-nous, en corps ; tous nos fugitifs, et que je puisse avec un peuple aimant, voler sur leur passage ; et dans ce jour solennel, nous rendrons tous hommage à ta puissance.

Analyse de l'œuvre

Déclaration des droits de la femme et de la citoyenne

———————

La *Déclaration des droits de la femme et de la citoyenne* est un projet de texte législatif français, exigeant la pleine assimilation légale, politique et sociale des femmes, rédigé le 14 septembre 1791, par l'écrivaine Olympe de Gouges sur le modèle de la Déclaration des droits de l'homme et du citoyen proclamée le 26 août 1789, et publié dans la brochure Les Droits de la femme, adressée à la reine [1,2]. Premier document à évoquer l'égalité juridique et légale des femmes par rapport aux hommes, la Déclaration des droits de la femme et de la citoyenne a été rédigée afin d'être présentée à l'Assemblée législative le 28 octobre 1791 pour y être adoptée.

La *Déclaration des droits de la femme et de la citoyenne* constitue un pastiche critique de la Déclaration des droits de l'homme et du citoyen, qui énumère des droits ne s'appliquant qu'aux hommes, alors que les femmes ne disposaient pas du droit de vote, de l'accès aux institutions publiques, aux libertés professionnelles, aux droits de propriété, etc. Olympe de Gouges y défend, non sans ironie à l'égard des préjugés masculins, la cause des femmes, écrivant ainsi que « la femme naît libre et demeure égale à l'homme en droits ».

Origines

L'évolution du concept de droits humains s'est manifestée lors de la période de la philosophie des Lumières, notamment grâce aux idées des encyclopédistes. Bien que cette notion ait été lancée pour la première fois en 1689 par le *Bill of Rights*, en Grande-Bretagne, suivi en 1776 par la Déclaration des droits de l'État de Virginie, puis à la Révolution par la *Déclaration des droits de l'homme et du citoyen* de 1789, aucun de ces documents ne prend en considération spécifiquement les femmes, le terme « hommes » étant ici utilisé dans son sens étymologique qui englobe indistinctement toute l'humanité.

Analyse

S'inspirant étroitement de la *Déclaration des droits de l'homme et du citoyen*, la Déclaration des droits de la femme et de la citoyenne se compose également d'un préambule (adressé à Marie-Antoinette) et de 17 articles, et d'un *postambule*. Il ne s'agit pas simplement d'un contre-projet pour les femmes. Il est clair que la nation est formée par les deux sexes en commun (art. iii). Dans nombre d'endroits, Olympe de Gouges a remplacé « l'homme » par « la femme et l'homme », de façon à rendre claire la concordance entre les deux sexes. L'article vii énonce fermement qu'il n'y a pas de droits spéciaux pour les femmes : « Nulle femme n'est exceptée ; elle est accusée, arrêtée, et détenue dans les cas déterminés par la Loi. »

Alors que, dans les articles i et ii, les revendications correspondent largement à la liberté, l'égalité, la sécurité, le droit à la propriété et le droit de résister à l'oppression, la notion de liberté chez de Gouges se différencie de la définition antinomique de 1789 (« La liberté consiste à faire tout ce qui ne nuit pas à autrui »). L'article iv dispose en effet que « La liberté et la justice consistent à rendre tout ce qui appartient à autrui ». Ainsi, la liberté est liée à la justice et les femmes veulent moins un accroissement de leurs libertés que les droits naturels qui leur échoient à la naissance.

La *Déclaration des droits de la femme et de la citoyenne* dévie également considérablement de la Déclaration des droits de l'homme et du citoyen, comme dans l'article xi où la liberté de pensée et d'opinion doit spécifiquement permettre aux mères, selon de Gouges, de « dire librement, je suis mère d'un enfant qui vous appartient, sans qu'un préjugé barbare la force à dissimuler la vérité[3]. »

Un principe de base selon de Gouges est que l'identité des devoirs doit entraîner celle des droits (par exemple, l'imposition) (art. xiii à xv). Olympe réclamait un traitement égalitaire envers les femmes dans tous les domaines de la vie, tant publics que privés : avoir droit au vote et à la propriété privée, pouvoir prendre part à l'éducation et à l'armée, et exercer des charges publiques, en arrivant même à demander l'égalité de pouvoir dans la famille et dans l'Église. La phrase la plus célèbre de sa Déclaration est : « La Femme a le droit de monter sur l'échafaud ; elle doit avoir également celui de monter à la Tribune » (art. x).

Les hommes qui dirigeaient la Révolution étaient, à de rares exceptions, même pour les plus radicaux d'entre eux, loin de partager cette approche féministe. Son opposition à la peine de mort, son soutien affiché aux Girondins après leur chute, entre autres, lui vaudront d'être arrêtée et guillotinée le 3 novembre 1793.

Portée et postérité

Cette Déclaration resta à l'état de projet. D'une part, elle n'a paru qu'en cinq exemplaires et a été politiquement complètement ignorée tandis que, de l'autre, il a été dit que « la Déclaration a fait sensation dans toute la France, et même à l'étranger. » Il faut attendre 1840 pour que quelques extraits de cette Déclaration soient publiés, et l'intégralité du texte ne l'a été qu'en 1986, par Benoîte Groult[4].

L'importance historique de la *Déclaration des droits de la femme et de la citoyenne* réside dans son statut de première déclaration universelle des droits humains qui élève une exigence universellement valable à la fois pour les hommes et les femmes. De cette façon, la *Déclaration des droits de l'homme et du citoyen* de 1789, qui n'avait été arrêtée que pour une moitié de l'humanité, sans avoir été légitimée par l'autre moitié, se trouvait, en réalité, dépassée alors qu'elle continue à être transmise, dans la conscience historique moderne, comme la base des droits de l'homme. La *Déclaration des droits de la femme et de la citoyenne* constitue, de ce fait, un plaidoyer radical en faveur des revendications féminines et une proclamation de l'universalisation des droits humains.

Notes et références

1. Les Droits de la femme, 1791, 24 pages. Disponible sur Gallica Notice bibliographique Les droits de la femme . A la Reine | BnF Catalogue général - Bibliothèque nationale de France

2. Maxime Foerster, La Différence des sexes à l'épreuve de la République, Paris, L'Harmattan, 2003, 126 pages, p. 23 (ISBN 2747554112). Cete considération était, sur le plan personnel, extrêmement importante pour Olympe de Gouges qui était probablement la fille naturelle de l'homme de lettres Lefranc de Pompignan.

3. Nicole Pellegrin, « Les disparues de l'histoire » Le Monde diplomatique, novembre 2008.

4. Eugène Blum, La Déclaration des droits de l'homme et du citoyen, Paris, Félix Alcan, 1909, 4e éd., 328 p. p. 34.

fiche révisions bac :

que retenir de ce texte et de son auteure ?

Sur Olympe de Gouges

- Olympe de Gouges (1748-1793) est une femme de lettres, auteure de pièces de théâtre ; influencée par la *philosophie des Lumières.*

- Contrairement à une idée reçue ; *les femmes ont joué un rôle important au début de la Révolution* ; entre 1789 et 1792 ; et certaines d'entre elles en furent des figures intellectuelles influentes (Pauline Léon, Claire Lacombe, Marie Adrian, Théroigne de Méricourt, Manon Roland, Lucile Desmoulins, Suzanne Curchod ; Etta Palm d'Aelders, etc.)

- Olympe de Gouges promeut une *vision égalitariste* des droits entre hommes et femmes

- Elle est influencée par une déclaration du philosophe des Lumière Condorcet ; parue un an auparavant : « *Sur l'admission des femmes au droit de cité* » *(1790).* Concorcet veut convaincre de la nécessité pour les femmes d'exercer leurs droits politiques. Pour lui, l'inégalité de droits entre homme et femmes n'est pas naturelle mais résulte de l' éducation et du contexte ; c'est une construction sociale. Cette idée est reprise par Olympe de Gouges.

- Elle réclame *l'égalité politique des femmes et des hommes* dans une Déclaration des droits de la femme et de la citoyenne (DDFC) qu'elle adresse à la reine, Marie-Antoinette (reine de France de 1774 à 1792).

- Alors que la Révolution se radicalise sous la Terreur (1793-1794) ; période caractérisée par la violence répression des révolutionnaires contre les « ennemis de la République ; qu'ils soient aux frontières du pays ou à l'intérieur (guerre de Vendée, insurrections royalistes ; favorables au maintien d'une monarchie parlementaire...), Olympe de Gouges est jugée suspecte car trop modérée. Elle meurt guillotinée en 1793.

- Cette Déclaration n'eut aucun écho immédiat. Il faut attendre 1840 pour que quelques extraits en soient publiés. L'intégralité de la publication du texte ne l'a été qu'en 1986.

Sur la Déclaration

Ce texte :

1. **se veut fondamental**, puisqu'il prétend fixer des droits dits « naturels », c'est-à-dire des droits que possède tout être humain dès sa naissance (comme la liberté, ou la propriété).
2. Ajoute une **perspectivedegenr e** aux idéaux révolutionnaires.
3. Ajoute une **dimension pamphlétaire** aux idéaux révolutionnaires ; en critiquant l'habitude des hommes à vouloir encadrer la liberté des femmes car rien dans la nature ne le justifie ; ni chez les animaux, ni dans le monde végétal.
4. **Promeut l'égalité des femmes et des hommes**. La domination, masculine est en définitive artificielle ; elle ne découle pas de la nature, elle est culturelle.
5. se soucie de **la mise en œuvre effective des droits** pour tous et toutes. Si les hommes tiennent à l'écart les femmes de la sphère publique ; ils ne peuvent nier que ces dernières ont des droits et des devoirs puisqu'elles aussi peuvent monter sur l'échafaud et être condamnées. Si elles ont le droit d'être condamnées, alors elles ont le droit de participer à l'élaboration des lois que l'on utilise pour les condamner.
6. Veut que la femme puisse voter et être élue, avoir le droit, comme le dit l'article X, de « monter à la Tribune ». Il réclame **lesuf frageuni verselin cluantlesfemmes** .